Werde ich ein Schmetterling sein?

Maja und der Tod

Werde ich ein Schmetterling sein?

Maja und der Tod

von Christoph Kaiser

Impressum

Jahr: 2020
ISBN: 9789463986076 softcover
9789463984379 hardcover

Michaelsikone, Admiral und Photos: Christoph Kaiser
Covergestaltung: Christoph Kaiser unter Verwendung der Lithographie „Schmetterlinge II" aus Brockhaus' Konversations-Lexikon 14. Auflage, Berlin und Wien 1895, zwischen Seite 536 und 537, Stahlstiche "Callitaera Aurora", "Schokoladenfabrikation" und "Erdbeeren" aus demselben Lexikon.
Stiche "Crab" und "Lobster" sowie "Dodo" aus: A Natural History, Vol. II, George Louis le Clerc Count de Buffon, London 1785 (?).
Christusikone und Ikone Höllenfahrt: Russland, 19. Jh.
Zeichnungen: Christoph Kaiser
Lektorat: Erla Blöcher
3. Auflage
Verlagsportal: Bookmundo.de

Gedruckt in Deutschland
Die Deutsche Nationalbibliothek verzeichnet diese Publikation in der Deutschen Nationalbibliografie.

Maja spielt	11
Tante Leni und das Altwerden	18
Maja bekommt Krebse	24
Alles wird anders	29
Die rote Wolke und Erdbeerkuchen	33
Opa Schneider	44
Onkel Heiner	57
Der Mann im Traum	68
Hüseyin und seine Oma	73
Tante Rosi	82
Kai hat angerufen	92
Majas Reise	97
Der Admiral	104

Callitaera Aurora

Maja spielt

Es fühlte sich komisch an, tot zu sein. Nicht richtig, nicht falsch, sondern ganz anders als sonst, halt komisch. Zumindest, wenn man Totsein spielte. So wie Maja jetzt.

„Du bist ein merkwürdiges Kind, meine Lieblingstochter!", sagte Majas Mutter immer zu ihr, wenn sie wieder so was spielte, was sonst keiner spielte. Dabei war Mama selbst komisch; immer sagte sie ‚Lieblingstochter', dabei hatte sie doch nur Maja und sonst gar keine Tochter; nur Michael, aber der war schon groß, schon 8, und noch dazu ein Junge. Das zählte also nicht so richtig. Und heute würde Mama Maja wohl wieder merkwürdig finden, denn Maja spielte heute eben Totsein. Das war ihr heute Nacht eingefallen. Sie hatte sich tief unter die Bettdecke eingegraben und auf einmal gedacht: ‚Huch, ich bekomme ja fast gar keine Luft mehr!'.

Louis hatte im Kindergarten gesagt, dass man tot ist, wenn man nie mehr atmet und keine Luft mehr bekommt, als Ruben die Luft so lange anhalten wollte, wie es nur ging. Daran musste Maja denken, als sie heute Morgen unter der Decke lag. Ans Totsein. Deshalb hatte sie dann schnell die Decke zurückgeschlagen und ganz tief eingeatmet und sich dann vorgestellt, sie hätte das nicht gemacht und wäre jetzt tot. Papa würde bestimmt wieder zu Mama sagen: „Lass sie nur, das ist bestimmt nur so eine Phase, das Totsein; das geht vorbei und irgendwann will sie auch einfach nur reiten oder so." Das sagte Papa nämlich dauernd, dass das immer nur so eine Phase ist. Eine Phase. Was sollte das eigentlich sein? Eine Phase. War Totsein auch nur so eine Phase?

O Mann, warum mussten Erwachsene immer so unglaublich kompliziert sein? Maja wollte eigentlich doch jetzt auch schon reiten und am liebsten ein eigenes Pferd haben und Rennfahrerin, Mama, Müllfrau, Präsidentin der Welt oder Millionärin werden und all so was, aber für einen Stall war kein Platz in der Wohnung und den Führerschein durfte sie auch erst machen, wenn Mama und Papa wahrscheinlich schon ewig tot sein würden, weil die ja jetzt schon so unfassbar alt waren, und Maja war erst vier. Naja, immerhin schon vier und sogar seit einem Jahr schon im Kindergarten. Aber Mama war schon 27 und Papa sogar schon 32. Lange konnte das nicht mehr gut gehen mit den beiden, mit zwei so alten Leuten, da war sich Maja sicher. Das sagte immer Tante Leni, dass dieses und jenes nicht mehr lange gut gehen konnte mit irgendwem. Und Tante Leni hatte recht, wenn sie was sagte. Sie sagte zum Beispiel auch, dass für Bonbons immer Platz im Bauch ist. Sie war ja so viel schlauer als Mama, die nie glauben wollte, dass so etwas Kleines wie ein Bonbon immer noch in den Bauch passte. Und dann war da noch Onkel Christoph, der hatte auch viel Ahnung. Mama sagte immer, Maja solle fünfmal am Tag Obst essen, und Onkel Christoph sagte dann immer, dann könne Maja auch fünf Tafeln Schokolade am Tag essen, jedenfalls wenn es Nussschokolade wäre, denn Nüsse und Kakaobohnen wachsen ja an Bäumen und sind also Obst. Maja fand das sehr klug. Nur Mama nicht. Mama sagte, wer so viel Schokolade isst wie Onkel Christoph, der wäre bald geplatzt und damit tot.

Wenn Onkel Christoph oder Mama und Papa tot sein würden. Tot sein. Maja spielte nochmal, dass sie tot wäre. Aber irgendwie war das schwer. Wie ist das denn, wenn man tot ist? Wie soll man denn etwas spielen, wovon man gar nichts weiß? Maja überlegte. Und überlegte. Und überlegte. Dann stand sie auf. Sie ging ans Fenster und sah hinaus. Es war Herbst und schon kalt und Maja durfte wieder nicht lange raus, weil sie sich erkälten könnte. „Das Kind läuft noch so lange barfuß draußen rum, bis es sich den Tod geholt hat!", sagte Oma Lisbeth aus der Nachbarwohnung immer zu Mama, wenn sie sah, dass Maja ohne Schuhe im Hof spielte. Und Mama hatte dann ein schlechtes Gewissen und Maja durfte dann nur am Fenster stehen und rausgucken. Also hatte sie sich angewöhnt, das schön zu finden. So auch heute. Sie sah lange hinaus, bestimmt zwei Minuten. Vor dem Fenster lag Berlin. Und aus der Küche roch es nach Kakao.

SCHOKOLADENFABRIKATION.

1. Kakaoröstmaschine.

2. Brech- und Reinigungsmaschine.

3. Zwillingskakaomühle.

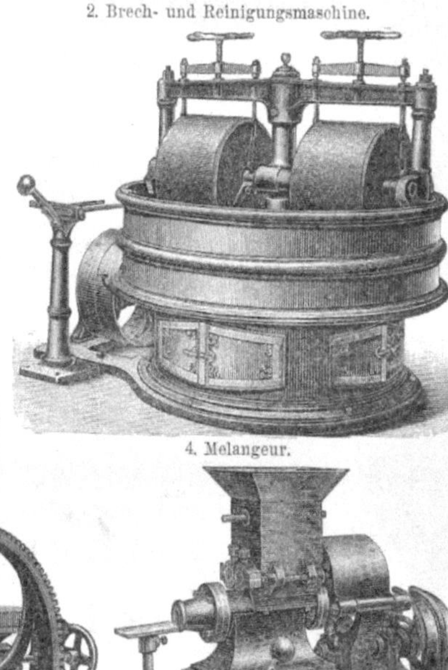

4. Melangeur.

5. Walzmaschine.

6. Entluftungsmaschine.

7. Klopftisch.

Tante Leni und das Altwerden

Mama stand in der Küche und schimpfte wie ein Rohrspatz. Papa hatte wieder vergessen, nach dem Kochen den Herd sauber zu machen und alles sah aus wie... weibliches Hausschwein. Das sagte Mama zwar nie so kompliziert, sie sagte immer Sau, aber wehe Maja sagte Sau, dann war aber was los.

Heute war Tante Leni zu Besuch. „Tante Leni, wann stirbst du?", fragte Maja. Tante Leni wurde ganz blass; es schien, als würde sie wachsen, so gerade wurde ihr Rücken auf einmal. Sie starrte Maja kurz an, bellte irgendwie wie ein Hund und drehte sich ganz plötzlich um und rannte raus. „Annette, kommst du bitte mal? Kannst du mir mal bitte ganz schnell erklären, was Maja da spielt und was für dummes Zeug sie redet und ob das witzig sein soll?" Mama und Tante Leni standen im Flur und Mamas Gesicht wurde rot; Tante Leni sah immer noch bleich aus, aber auch sie wurde langsam rot, viel roter als Mama. Maja gefielen die Erwachsenen heute sehr gut. Sie waren so lustig. Leider konnte sie kein Wort verstehen, weil Tante Leni so merkwürdig zischte beim Reden, fast wie eine Schlange, und Mama versuchte ganz ruhig und leise zu reden. Maja verstand nur wieder mal, dass sie, Maja, angeblich irgendwas wieder mal nicht so gemeint hatte und mal wieder nicht wisse, was sie so sagt. Immer dieselbe Leier mit den Erwachsenen.

Irgendwie war das merkwürdig, das mit dem Sterben. Das war so wie mit dem Altwerden und dem Altsein. Maja hatte zu Tante Leni mal gesagt, dass sie finde, Tante Leni sei ganz schön alt. Da war Tante Leni auch zu Mama gegangen und hatte sich beschwert. Aber dabei hatte Tante Leni doch noch zwei Tage vorher an ihrem 50. Geburtstag gesagt, sie freue sich darauf, sehr, sehr alt zu werden. Also wollten Erwachsene alle sehr gerne alt werden, aber ja nicht alt sein. Wie das gehen sollte, das konnte Maja nicht verstehen. Sie fand sich ja auch schon ziemlich alt und erwachsen, und irgendwann wäre sie sogar schon so alt, dass sie in die Schule gehen würde, so wie Michael. Aber Tante Leni war doch nun einmal noch viel älter als sie, sogar noch älter als Mama und Papa. Sie war ja die Patentante sowohl von Maja als auch von Mama; so alt war sie. Also war

sie alt.
Tante Leni hatte auch einen Papa, der hieß Onkel Lukas. Der war noch älter als Tante Leni. Maja war schon klar geworden, dass das scheinbar so sein muss, dass Mamas und Papas immer älter sind als ihre Kinder. Scheinbar musste man immer erst sehr alt werden, um Mama oder Papa werden zu können. Aber das fand Maja auch ganz in Ordnung, denn sie hätte jetzt noch gar keine Lust gehabt, Mama oder Papa zu sein. Zum Beispiel für Michael. Der war ja zum Glück älter als sie und da ging das ja demnach sowieso nicht. Maja war sich total sicher, dass sie lieber gar kein Kind haben wollte, als so ein blödes wie Michael. Der war so richtig unfassbar doof. Immer wollte er recht haben, nur weil er der Ältere war. Also doch gut, dass sie noch nicht so

richtig alt war. Maja war sehr zufrieden. Sie legte sich nochmal auf ihr Bett und guckte an die Zimmerdecke. Eigentlich war sie müde und wollte ein bisschen schlafen. Aber Tante Leni zischte immer noch mit Mama im Flur und das hörte Maja bis in ihre Müdigkeit hinein. Dass Erwachsene immer so merkwürdig sein mussten! Maja nahm sich vor, ganz anders zu sein, wenn sie mal groß wäre. Groß wollte sie ja werden und alt, aber nie erwachsen. Am liebsten wäre sie ein Schmetterling, wenn sie so alt wäre wie Mama, aber das würde wohl nicht gehen. Eigentlich schade.

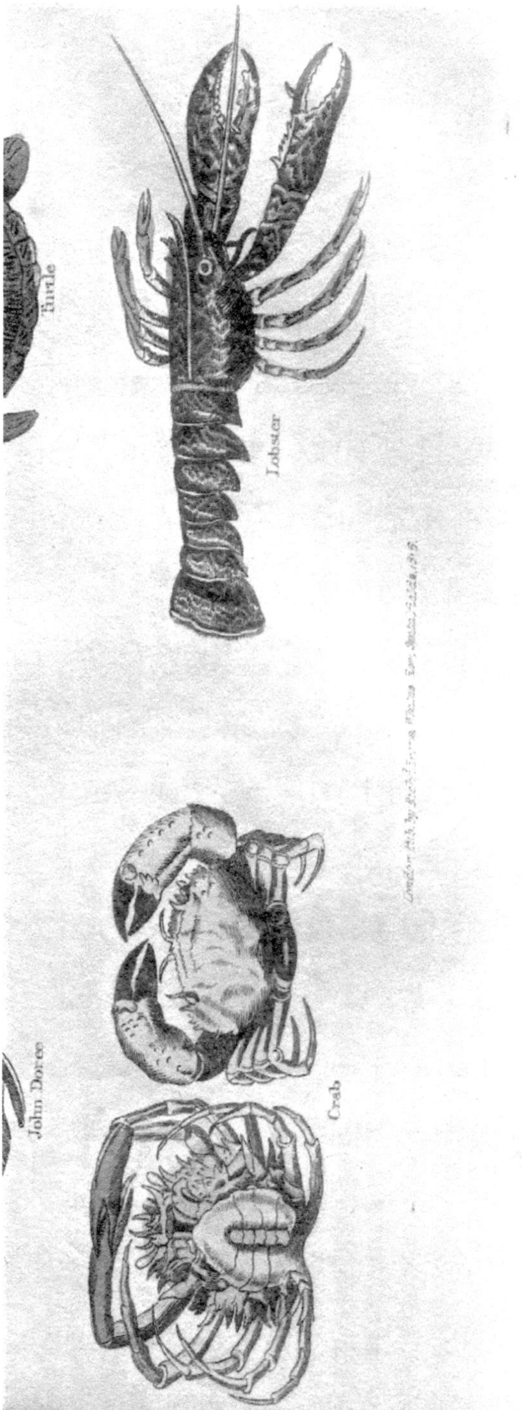
Turtle
Lobster
John Doree
Crab

Maja bekommt Krebse

Da merkte sie, dass sie wieder Husten bekam. So richtig fiesen, starken Husten. Den hatte sie manchmal in der letzten Woche, und eigentlich schon ziemlich lange. Sie krümmte sich sogar ein bisschen auf ihrem Bett, so stark war der. Mama hörte ihn und Tante Leni, und sie unterbrachen ihr Gespräch und schauten in Majas Zimmer. „Wird der dumme Husten denn nie besser?", fragte Mama besorgt und setzte sich auf Majas Bett. Sie fühlte ihr die Stirn und merkte, dass Maja heißer war als sonst. „Komm, aufstehen! Wir fahren zum Arzt!" bestimmte Mama auf einmal richtig streng, und Tante Leni sagte: „Das ist ja wohl das Mindeste! Kommt, ihr beiden, ich fahre euch! Mit

dem Bus dauert das ja viel zu lange!"
Ein bisschen später lag Maja im Auto von Tante Leni auf dem Rücksitz und Mama saß neben ihr. Sie hielt Majas Kopf in ihrem Schoß und Maja fand das sehr gut so. Das war jetzt viel schöner, als immer im Bus nebeneinander zu sitzen und aus dem Fenster zu sehen. Normalerweise war das zwar toll, und Maja fand es aufregend, was es da alles zu entdecken gab. Aber heute war ihr einfach nicht danach, Kindern auf der Straße zuzugucken oder Hunde zu sehen, die spazieren gingen. Einmal war da ein Hund sogar alleine spazieren gegangen und hatte seine Leine hinter sich her gezogen. Das war lustig gewesen.

Aber heute wäre sogar das Maja egal gewesen. Heute war daliegen und in

Mamas Schoß kuscheln viel besser. Maja war schlapp und müde. Ganz anders, als noch gestern. Das spürte Mama und war heilfroh, dass Tante Leni ein Auto hatte. Sie spürte: Heute musste es schnell gehen.

Zwei Stunden später wurde Maja auf einer Liege aus dem weißen komischen Untersuchungszimmer geschoben und sah, wie Mama und Tante Leni mit der Professorin und zwei Ärzten redeten. Mama guckte ganz starr vor sich hin und sagte gar nichts. Und Tante Leni weinte ganz doll. Maja verstand nicht, was los war. Sie hatte nur gehört, wie die Erwachsenen dauernd von einem Krebs redeten, der in ihrem Kopf wäre und einem kleinen Krebs, der deshalb in ihrer Brust wachsen würde. Das fand Maja eigentlich schön. Sie hatte an der

Nordsee am Strand von Neuharlingersiel im Watt mit Krebsen gespielt und fand das immer noch so komisch, dass die immer seitwärts krabbelten und mit ihren Scheren zwicken wollten. Eigentlich fand sie es gar nicht schlimm, dass in ihr so zwei Krebse herumliefen. Nur vor den Scheren, da war ihr mulmig. Das wollte sie lieber nicht. Und sie fragte sich, wie die Krebse wohl in sie hineingekommen waren. Hatte sie die im Urlaub beim Schwimmen mit dem salzigen Wasser geschluckt?

Aber das fand Maja doch auch nicht richtig schlimm; wenn sie die Krebse nicht ärgerte, würden die sie bestimmt nicht zwicken, auch nicht im Bauch oder im Kopf. Und ärgern wollte sie die Krebse nicht. Sie mochte Krebse doch.

Alles wird anders

Nachdem die Erwachsenen aus dem Zimmer herausgekommen waren, in dem Maja untersucht worden war, sah Mama Maja ganz merkwürdig an. „Du musst jetzt ganz tapfer sein!", sagte sie ganz leise. Und Maja sah, dass Mama Tränen in den Augen hatte. „Klar, bin ich doch immer!", sagte Maja und packte Mamas Hand. „Was ist denn?"

„Du musst hierbleiben. Wir können jetzt nicht nach Hause fahren. Ich fahre kurz heim und hole mir ein paar Sachen. Ich bleibe auch hier. Für ein paar Tage. Ich muss noch auf der Arbeit anrufen und da Bescheid sagen. Aber dann komme ich ganz bestimmt ganz schnell wieder her. Und dann bleiben wir zusammen hier. Und irgendwann, bald..." Mama sah ganz hilflos hinüber zu der Professorin. Die sah das und sagte lächelnd zu Maja: „Und sobald du wieder gesund bist, geht ihr wieder heim. Wir müssen nur erst ... die Krebse in dir ... fangen, damit ... die nichts kaputt machen."

„Mit ihren Scheren?", fragte Maja. Jetzt hatte auch die Professorin Tränen in den Augen und einer der beiden Ärzte drehte sich um und sah in eine andere Richtung. „Ja, mit ihren Scheren, kleine Maja. Das wollen wir doch nicht? Dass die etwas anrichten... mit... ihren Scheren?", sagte die Professorin, aber Maja merkte, dass sie das nicht ganz so meinte, wie sie es sagte. Aber sie verstand nicht, was passierte und wollte auch eigentlich nur schlafen. Sie war so furchtbar müde.

Eine Schwester nahm sie von der Liege und legte sie in ein Bett mit Rollen drunter, mit dem man durch die Gegend fahren konnte. Das gefiel Maja. Aber sie war viel zu müde, um heute damit herumfahren zu wollen. Und bevor sie bemerken konnte, dass Mama ging, war sie schon fest eingeschlafen.

9
11

Die rote Wolke und Erdbeerkuchen

Maja wurde wach von dem Geräusch, das der Gummi unter der Zimmertür des Krankenzimmers auf dem Linoleumboden machte. Das war immer noch so komisch, sie mochte es gar nicht. Es war so ähnlich angenehm wie wenn man sie an den Haaren zog; es klang so ähnlich klebrig, sogar nach den fünf Wochen, die sie jetzt schon hier war.

Vorhin war Mama nach einem Anruf ganz schnell aufgestanden und hatte gesagt, sie müsse nach dem Besuch sehen, der unten stand. Dann war sie verschwunden und Maja hatte die ganze Zeit geschlafen. Das war immer so, seit sie hier war und durch den

Schlauch das stinkende Zeug in ihre Brust lief. Da hatte sie so ein Ding hineinbekommen, das die Ärzte ‚Port' nannten; und da wurde jeden Tag eine Nadel hineingestochen und dann lief das stinkende Zeug, das so sehr stank, dass Maja es sogar durch die ganzen doofen Plastikschläuche stinken riechen konnte, erst in den Port und dann in Maja. Sie mochte den Gestank nicht.

Immer war sie müde. Aber sie freute sich, dass Tante Leni endlich wieder mal kommen würde. Sie war jetzt schon fast drei Wochen nicht mehr da gewesen. Deshalb war Maja sich sicher, dass Tante Leni heute endlich wieder mal vor der Tür stünde. Vielleicht würde sie auch wieder mit Mama zischen oder so. Und vielleicht würde sie Onkel Holger mitbringen, ihren Mann. Der war immer so lustig und sogar hier im Krankenhaus musste Maja immer lachen, wenn die beiden hier waren. Und vor Vorfreude schlief Maja noch einmal ein, bis sie das Gummi auf dem Linoleum rutschen hörte.

Mama und Papa standen in der Tür, und Onkel Holger. Das war komisch. Sonst kam Tante Leni immer mit, wenn Onkel Holger auch kam, aber heute war das anders. Heute war alles irgendwie anders. Nur die drei waren da, Michael war wohl zuhause geblieben. Dabei hatte er gestern „Bis morgen!" gesagt, als er gegangen war.

Die drei in der Tür sahen so ernst aus, besonders Onkel Holger. Maja war sich sicher, dass er geweint hatte, und das kannte sie gar nicht von Onkel Holger.

Der war früher als Holzfäller in einem Land gewesen, das Kanada heißt und in dem es sehr kalt ist und in dem man jeden Tag gegen Eisbären kämpfen muss. So ein Mann meinte immer, dass man nicht weinen darf. Sogar zu Maja hatte er schon gesagt, dass ein Indianer keinen Schmerz kennt, wenn sie hingefallen war und das Knie so richtig weh tat. Aber jetzt stand er da und weinte selbst.

„Wo ist Tante Leni?", fragte Maja und setzte sich im Bett auf. Da drehte sich Onkel Holger um, sagte kurz: „Es tut mir leid, ich kann das heute nicht! Ich ertrage das nicht!"; und dann drehte er sich um und ging einfach hinaus und schloss die Tür hinter sich. Mama sah ihm nach und Papa setzte sich zu Maja aufs Bett. „Weißt du", begann er stockend. „Tante Leni kann dich nicht mehr besuchen kommen. Wir kommen gerade von ihrer Beerdigung. Tante Leni ist letzte Woche gestorben.“

Gestorben. Das war so ein komisches Erwachsenenwort. Ein richtig doofes Erwachsenenwort für Totsein. Tante Leni war also tot. Das war ja was. Jetzt wollte Maja es aber genauer wissen. „Warum kann sie denn dann nie mehr zu Besuch kommen?“, fragte sie und sah ihre Eltern ganz aufmerksam an. „Naja, weil Menschen, die tot sind, nicht mehr da sind.“, sagte Mama. „Es gibt sie nicht mehr. Wir waren ja auf ihrer Beerdigung.“
Das Wort kannte Maja schon, aber sie war noch nie bei so etwas dabei gewesen. „Was ist das?“, fragte sie deshalb. Mama und Papa sahen einander

an. Wie sollten sie das denn erklären? Wie redet man mit einer Vierjährigen, die Krebs hat, über das Sterben und den Tod, wenn man doch selbst dauernd daran denken muss?

„Also, Tante Leni ist zuhause bei sich gestorben. Sie hat sich abends vor den Fernseher gesetzt, hat dann auf einmal einen Schrecken bekommen, hat sich an das Herz gegriffen und war plötzlich tot. Sie ist auf den Boden gefallen und hat aufgehört zu atmen." ‚Aha!', dachte Maja, ‚Damit hat der Louis im Kindergarten also doch recht gehabt. Wenn man tot ist, hört man auf zu atmen.' Aber das konnte ja wohl nicht alles sein. „Und wieso ist sie dann jetzt nicht mehr da?" Mama wurde jetzt ganz still. Sie stand auf und trat an das Fenster. Papa trat hinter sie und beide sahen eine Weile den Wolken zu, hinter denen gerade die Sonne leuchtend rot und wunderschön unterging. Und da war sie, die eine Wolke, die ganz rot leuchtete, richtig erdbeerrot. Papa drehte sich um, lehnte sich an die Fensterbank und verschränkte die Arme vor der Brust. „Weißt du, Maja“, begann er: „Das ist ein bisschen schwer zu erklären, weil man da nichts Genaues drüber weiß. Da haben alle Menschen irgendeine Vorstellung davon, aber das ist nie Wissen, sondern immer das, was man ‚Glauben‘ nennt. Auf der Welt glauben die meisten Menschen, dass nach dem Tod noch irgendetwas kommt. Viele Menschen glauben aber auch, dass mit dem Tod alles aus ist. Aber keiner kann das wirklich wissen. Das kommt immer daher, wie man sich die Welt so ganz generell erklärt. Für ganz viele

Menschen gibt es halt Gott, oder das Schicksal oder so. Und für andere Menschen gibt es da niemand und nichts. Das kommt immer auf den einzelnen Menschen an. Komm mal her, und schau mal aus dem Fenster." Er ging ans Bett und nahm Maja auf den Arm. Dann trat er mit ihr ans Fenster und zeigte ihr die erdbeerrote Wolke. „Guck mal da, die Wolke. Tante Leni hat doch immer so gerne Erdbeeren gegessen. Wäre das nicht schön, wenn das da gar keine Wolke wäre, sondern wenn das ein Erdbeerfeld ist, auf dem Tante Leni jetzt spazieren geht und Erdbeeren pflückt? Für immer? Ihr würde nie wieder etwas weh tun, sie würde nie mehr krank, sie würde uns alle irgendwann einmal wiedersehen?"

Mama erschrak: „Udo, halt den Mund davon! Ich will das nicht hören!", sagte sie scharf. Papa sah sie an: „Und warum nicht? Es ist doch so, dass alle Menschen einmal sterben. Und wenn Tante Leni da oben Erdbeeren pflückt, dann wird sie für uns alle einmal davon Kuchen backen. Frischen Erdbeerkuchen. Warum denn nicht? Weißt du's?"

„Ja, das will ich!", rief Maja plötzlich ganz hellwach. „Ich will Erdbeerkuchen von Tante Leni!" Papa drehte sich zu ihr um: „Siehst du, und das geht jetzt nicht mehr. Das meinte Mama, als sie sagte, dass Tante Leni nicht mehr da ist. Sie kann jetzt keinen Erdbeerkuchen mehr backen. Aber du kannst dich daran erinnern, wie lecker der immer war. Und so ist Tante Leni immer noch ein bisschen da, auch wenn sie tot ist." Er legte Maja wieder aufs Bett und lächelte sie an, aber er hatte Tränen in den Augen. „Reicht es, wenn ich jetzt erstmal Kuchen vom Bäcker hole? Hast du da Appetit drauf?" , fragte er und kannte die Antwort schon im Voraus.

Opa Schneider

Genau in diesem Moment ging die Tür auf und ein Gesicht sah hindurch. Es war Opa Schneider aus dem Nachbarhaus, der doch mal sehen wollte, wie es der Prinzessin ging. Opa Schneider sagte immer ‚Prinzessin' zu Maja und hatte ihr zum Geburtstag sogar eine Krone gebastelt, die Maja solange überall getragen hatte, bis sie kaputt war. Danach wollte sie keine Prinzessin mehr sein, sondern lieber Hausmeisterin, weil die in Majas Haus so einen unglaublich tollen Chip hatte, mit dem sie in alle Räume reinkam, in die nicht mal Mama und Papa durften. Das war toller als Prinzessin. Aber für Opa Schneider blieb sie seine Prinzessin, für's Erste jedenfalls.

„Na, wie geht es meiner Prinzessin?", fragte Opa Schneider und machte die Tür vorsichtig auf. „Ich habe im Stationszimmer gefragt, ob du sowas essen darfst, und die Schwester hat gesagt, dass du darfst, wenn du willst." Sprach es und stellte ein eingepacktes flaches Paket auf den Nachttisch. Papa setzte Maja auf die Bettkante und packte auf. „Erdbeerkuchen!", jubelte Maja. „Das ist ja wie bestellt!", wunderte sich Mama, aber Opa Schneider sah sie an und nickte nur kurz. Da verstand Mama, dass Opa Schneider von Tante Leni gehört hatte und dass die für Maja jetzt keinen Erdbeerkuchen mehr backen würde. Also musste er für Ersatz sorgen. Es war doch sehr gut, wenn man solche Nachbarn im Haus hatte. Maja fing an zu spachteln. „Der ist lecker!", befand sie, „Fast so lecker wie der von Tante Leni. Aber die kann ja jetzt nicht mehr backen, die muss jetzt ja den ganzen Tag Erdbeeren pflücken, hat Papa gesagt."

Mama musste jetzt doch sehr grinsen. „Da siehst du, was du angerichtet hast!", meinte sie zu Papa, und der versicherte Opa Schneider, das habe er so nicht gesagt und erst recht nicht gemeint. Aber Opa Schneider kannte seine Prinzessin. Er wusste, was oft von ihren eher eigenwilligen Zusammenfassungen zu halten war. „Wie kommst du denn da drauf?", fragte er Maja und wischte ihr den Mund ab, der rundum mit knallroten Erdbeerresten verschmiert war. „Kleiner Gierschlund!", lächelte er. „Ich habe Papa nur gefragt, warum

Tante Leni nicht mehr backen kann, nur weil sie tot ist. Und da hat er mir gesagt, dass Tante Leni jetzt auf der Wolke da oben Erdbeeren pflückt, weil das eigentlich ein Erdbeerfeld ist!"
„Soso, ein Erdbeerfeld ist das also.", meinte Opa Schneider nachdenklich.
„Das weiß ich nicht. Aber ich denke auch, dass Tante Leni noch da ist. Für mich ist sie jetzt im Himmel. Da wird sie zwar wohl nicht zu Arbeitseinsätzen in der Landwirtschaft herangezogen, aber ich denke schon, dass nach dem Tod noch etwas kommt." Opa Schneider hatte früher in der DDR gewohnt, die da gewesen war, wo jetzt Berlin lag. Irgendwie war die mal verschwunden. Er hatte da früher Probleme gehabt, weil er sonntags in die Kirche ging, aber er hatte sich das nicht verderben lassen.

Maja war neugierig. „Opa Schneider!“, fing sie an. „Was meinst du denn, wie das ist, wenn man tot ist?“

„Oha!“, meinte Opa Schneider und hob die Augenbrauen hoch. „Das ist ja mal ne Frage von so einer kleinen Prinzessin! Da muss ich mal überlegen.“ Und er überlegte eine Weile und sagte dann: „Sieh mal, Maja, ich war ja auch mal verheiratet. Mit meiner Maria. Die ist aber schon vor drei Jahren gestorben. Und Maria und ich, wir sind beide Christen. Das heißt, wir glauben, dass es einen Gott im Himmel gibt, der die Welt und die Menschen geschaffen hat. Und ich glaube, dass Maria genau jetzt bei Gott ist. Für mich als Christ ist das so:
Gott ist so unglaublich groß, dass man ihn nicht sehen, sich nicht mal vorstellen

kann, wie Gott ist. Und weil Gott das gesehen hat, dass die Menschen ihn nicht verstehen, da hat Gott sich ganz klein gemacht und ist selbst Mensch geworden. Das feiern wir jedes Mal zu Weihnachten, weil wir da daran denken, dass Gott mal als ganz normales Baby auf die Welt gekommen ist." „Das ist Jesus, der an Weihnachten geboren worden ist, stimmt's?", fragte Maja.

„Ja, stimmt. Aber weißt du, jeder Mensch macht ganz viele Dinge, die Gott nicht will, dass er tun soll. Das nennt man Sünde. Und du kannst dir bestimmt vorstellen, dass Gott niemanden in seiner Nähe haben will, der schlimme Sachen gemacht hat. Und weil Gott Angst hatte, dass irgendein Mensch, wenn er stirbt, nicht zu ihm in den Himmel kommt, ist er selbst als Baby auf die Welt gekommen und hat etwas ganz Schlimmes mit sich machen lassen. Früher war das so, dass auf die allerschlimmsten Sachen, die einer machte, die Todestrafe stand. Das heißt, die anderen Menschen haben ihn dafür umgebracht. Und da hat Gott gesagt: Dann sollen sie mich umbringen, wenn ich als mein Sohn Jesus zu ihnen komme, und dann kann ich so tun, als wäre jeder Mensch so bestraft worden. Dann vergebe ich allen Menschen ihre Sünden; tue also so, als hätte es die Sünden nie gegeben, und sie können alle im Tod zu mir kommen und ich muss auf keinen einzigen verzichten. Und dafür hat Jesus sich an ein Kreuz nageln lassen und ist so gestorben und danach wieder lebendig geworden, weil er ja eigentlich Gott ist. So sehr hat Gott die Menschen lieb, das er das gemacht hat. [1]So glaube ich das zumindest, weil das so in der Bibel steht, in dem Buch, von ich glaube, dass es von Gott stammt."

Maja war ganz nachdenklich geworden. „Das ist komisch.", meinte sie. „Warum erlaubt Gott den Menschen denn, so böse Sachen zu machen, wie Leute festnageln? Das muss doch total weh tun?" „Tja,", meinte Opa Schneider, „das hat er wohl gemacht, weil er will, dass jeder Mensch von sich aus versteht, dass so etwas ganz falsch ist. Ich glaube, Gott will, dass sich jeder Mensch selbst für das Gute entscheidet, obwohl er auch die Freiheit hätte, das Böse zu tun."
Maja dachte nach. „Kommen denn dann jetzt alle Menschen in den Himmel?

1 Johannesevangelium 3,16

Auch die, die immer noch ganz schlimme Sachen machen?" Opa Schneider überlegte. Dann sprach er weiter: „Früher haben die Menschen im Christentum geglaubt, man muss Gott mit guten Taten dafür bezahlen, dass man in den Himmel darf. Sonst käme man nicht rein. Deshalb hat man lange Zeit auch gemeint, dass es nicht nur den Himmel gibt, sondern auch das Gegenteil, die Hölle, wo statt Gott der Teufel das Sagen hat. Die Hölle wäre ein ganz schlimmer Ort, an dem die Seelen der bösen Menschen für immer ganz schlimm leiden."

„Was ist denn eine Seele?", wollte Maja wissen. „Eine Seele, das ist für mich das, was dich und mich und jeden Menschen ausmacht. Das ist das, was wirklich du bist. Das ist kein Teil von deinem Körper, den man anfassen kann, sondern das wird dir von Gott in den Körper eingesetzt, wenn du geboren wirst oder vielleicht schon vorher. Und wenn ein Mensch stirbt, dann bleibt der Körper da, aber die Seele geht, glaube ich zumindest, wieder heim zu Gott, von wo sie gekommen ist." Das fand Maja lustig. Das hatte Mama also gemeint, als sie gesagt hatte, dass Tante Leni nicht mehr da wäre. Sie war sozusagen verreist. „Kann so eine Seele über Wolken laufen, die am Himmel sind?", fragte Maja. Opa Schneider grinste: „Vielleicht. Und dabei wohl am besten Erdbeeren für Kuchen für Prinzessinen pflücken. Aber eigentlich ist der Himmel, den du da siehst, nicht der Himmel, in dem Gott sich den Verstorbenen zeigt. Gott ist ja immer und überall; aber die, die schon tot sind, die können ihn irgendwie und irgendwo sehen.

Zumindest glaube ich das. Aber ich hatte ja eben über die Hölle geredet. An die als Ort unter der Erde glaubt heute fast niemand mehr. Denn eigentlich will Gott alle Menschen, die er geschaffen hat, ja auch bei sich im Himmel sehen. Und die Menschen, die Böses gemacht haben, sind ja auch alle Gottes Kinder. Deshalb glaube ich, dass alle nach dem Tod zu Gott kommen; immerhin sind ja alle zu ihm eingeladen; und wer viel Gutes gemacht hat, der hat da oben ein wunderbares Leben; und wer ganz vielen Menschen böse Sachen angetan hat, der muss all denen, denen gegenüber er böse war, da im Himmel solange begegnen, bis er sich entschuldigt und die bösen Sachen wieder gut gemacht hat. Weil ich glaube, dass Gott alles vergeben will, was man Schlechtes gemacht hat. Aber man muss sich auch selbst ganz ehrlich entschuldigen. Dann kann man sagen: Jesus hat ja meine Strafe gehabt und deshalb darf ich zu Gott kommen. Daran glaube ich ganz fest. Und so geht es einem, wenn man stirbt, wenn du mich fragst." Das war viel gewesen, und Maja brummte ganz gehörig der Kopf. Und der Bauch vom vielen leckeren Erdbeerkuchen.

Onkel Heiner

Opa Schneider hatte fast aufgehört zu erzählen, als plötzlich die Zimmertür aufging und ein Kopf durch den Spalt geschoben wurde. Es war Onkel Heiner, Mamas Bruder, der Biologielehrer war und immer alles ganz genau wusste. Der sah jetzt Opa Schneider ganz böse an und sagte: „Herr Schneider, können Sie bitte mal herkommen?" Opa Schneider sah Maja an und fragte sie, ob er weggehen dürfe, nur ganz kurz, aber Maja wollte das nicht.

Da kam Onkel Heiner herein und setzte sich zu Opa Schneider. „Sind Sie noch ganz bei Trost, dem Kind solche Lügen und Märchen zu erzählen?", fragte er sehr unfreundlich. „Sie hat mich gefragt und ich habe ihr gesagt, wie ich

das sehe.", antwortete Opa Schneider ganz ruhig. Onkel Heiner war sauer, das sah Maja ganz deutlich. Aber sie verstand nicht, warum.
„Was hat Opa Schneider denn so Böses gesagt?", fragte sie. Da drehte sich Onkel Heiner zu ihr hin und sah ihr tief in die Augen.

„Majaschatz,", sagte Onkel Heiner und atmete ein paar Mal ganz tief durch. „Majaschatz, jetzt solltest du nicht solche Fragen stellen, die noch gar nichts für so kleine Kinder wie dich sind. Das ist alles sehr kompliziert. Du darfst dich nicht aufregen, wenn du so krank bist!" Aber jetzt war Maja sehr wohl aufgeregt. Sie und ein kleines Kind? Wie bitte? Das war ja wohl nicht ernstgemeint von Onkel Heiner. „Ich bin schon vier!", ließ sie den ganzen Flur wissen, so laut wurde sie jetzt. „Ich weiß schon genau, was ich wissen will und was nicht!"

Onkel Heiner atmete nochmal tief durch. „Gut, dann will ich dir mal erzählen, was ich glaube. Nein, stopp, was ich weiß!", begann er. „Weißt du, ich denke, der Opa Schneider meint das gar nicht böse.

Er hat seine Frau verloren, weil sie gestorben ist, und er will sich nicht vorstellen müssen, dass es sie nicht mehr gibt und dass er sie nie mehr wiedersehen wird. Und deshalb denkt er, es gibt sie noch irgendwo und da ist ein lieber alter Mann, der uns alle lieb hat und bei dem seine Frau jetzt ist, und da sitzt sie und wartet auf ihn. Und wenn er selbst stirbt, dann ist das nicht so schlimm, weil er sie ja wiedersieht und sie beide dann für immer zusammen sind. Im Himmel, den Opa Schneider sich erfindet, gibt es ja keinen neuen Tod. Keine Krankheit, kein Weinen, keine Schmerzen, keine Krankenhäuser, nichts davon. Da gibt es nur den Himmel und den lieben Gott und seine Frau und Tante Leni und jede Menge Erdbeerkuchen. Das wünscht er sich so sehr, dass er glaubt, das wäre alles wahr.

Aber, Maja, das ist falsch. Zumindest denke ich das. Du weißt, dass ich Biologie unterrichte, in der Schule. Biologie, das ist die Lehre vom Leben. Von der Natur. Und da habe ich gelernt, dass das Leben nur das ist, was auf der Erde existiert, sonst nichts. Im Körper wohnt keine Seele. Es gibt nur die Realität, also das, was es wirklich gibt. Keinen Gott, keine Riesen, keine Feen, keine Einhörner, nichts davon. Weißt du,

Maja, es gibt sehr kluge Leute, die nennt man Wissenschaftler. Und die sind diejenigen, die die Welt so untersuchen, wie sie wirklich ist. Und noch kein Forscher und noch keine Wissenschaftlerin hat jemals diesen Gott oder eine Seele gesehen. Gott gibt es meiner Meinung nach einfach nicht. Da bin ich mir absolut sicher. So sicher wie Opa Schneider sich ist, dass es ihn doch gibt. Aber ich denke, es kann ihn gar nicht geben, denn er macht ja nichts. Er greift nie ein. Er lässt zu, dass Kinder wie du krank werden; er lässt zu, dass wunderschöne Vögel wie der Dodo einfach von bösen Menschen ausgerottet werden, und nie tut er irgend etwas dagegen. Vielleicht gibt es ihn irgendwo, aber dann hat er nichts mit uns zu tun und kann uns Menschen so egal sein, wie wir ihm dann auch sind.

Wenn ihn wirklich interessieren würde, was passiert, dann müsste er doch hin und wieder auch mal was machen, oder etwa nicht?"
Maja war jetzt plötzlich sehr müde. „Ich will lieber, dass Tante Leni mir im Himmel Erdbeerkuchen backt.", sagte sie leise. Onkel Heiner erschrak. „Red nicht so dummes Zeug daher, Maja!", sagte er. „Damit du den Erdbeerkuchen bekämst, wenn es den Himmel gäbe, müsstest du erst tot sein. Und daran darfst du gar nicht denken. Nie! Hörst du? Nie, nie, nie! Du hast nur dieses eine Leben, danach kommt nichts mehr, und deshalb musst du alles tun, damit dieses eine Leben so lange dauert wie nur irgend möglich. Und das machen wir. Das kriegen wir zusammen hin, glaub mir. Du wirst nicht sterben, meine Kleine. Deine Ärzte, Mama, Papa, ich, alle die dich lieb

haben, wir sorgen dafür. Wir lassen nicht zu, dass du stirbst. Sogar Opa Schneider will viel lieber haben, dass du noch ganz lange hier bei uns auf der Erde weiter lebst. Und dann gibt's hier ganz viel echten Erdbeerkuchen. So viel du willst."

Opa Schneider nickte. Er wollte auch viel lieber, dass Maja ein sehr langes und glückliches Leben haben würde, egal was danach käme. Und solange er lebte, würde er ihr so viel Erdbeerkuchen kaufen, wie es nur möglich wäre. Das wusste er sicher. Und Onkel Heiner auch.

Mama war während des Gesprächs hinaus gegangen, Papa auch. Jetzt kamen sie wieder herein. Und leise bewachten sie zu viert den unruhigen Schlaf Majas.

Als Maja ein paar Stunden später

wieder wach wurde, war ihr immer noch fast schwindlig von dem, was Opa Schneider und Onkel Heiner gesagt hatten. Vielleicht war das wirklich alles zu viel und zu kompliziert gewesen für ein Kind, das noch dazu krank in einem Krankenhaus lag und um das sich alle große Sorgen machten. Aber jetzt waren die beiden weg und nur noch Mama war da und saß an Majas Bett. Und sie war eingeschlafen, denn es war mitten in der Nacht. Mama hatte zwar ein eigenes Bett in Majas Zimmer gestellt bekommen, aber jetzt war sie im Sitzen eingeschlafen und hatte sich noch nicht mal ausgezogen. Maja kuschelte sich alleine in ihre Decke und ließ Mama schlafen. Sie hatte schon eh gut verstanden, dass alle Erwachsenen total traurig waren, weil es ihr so schlecht ging. Aber sie wusste nicht genau, was sie besser finden würde: Wenn sie wieder gesund würde, und würde lange leben und dann doch irgendwann sterben, oder jetzt schon sterben und nie wissen wie es ist, groß und erwachsen zu sein. Jeder, Opa Schneider und Onkel Heiner, hatte ihr ja gesagt, dass er sich ganz sicher war, dass das, was er meinte, richtig wäre. Maja hatte nur verstanden, dass keiner da etwas Eindeutiges drüber wusste. Aber das fand sie blöd: Jetzt schon tot sein, war richtig doof, wenn dann gar nichts mehr kam; aber lange leben und erst dann Tante Lenis Erdbeerkuchen bekommen, konnte auch arg lange dauern. Am besten wäre es, dachte Maja, wenn gar keiner sterben würde, sondern wenn es immer ohne Tod Erdbeerkuchen für alle gäbe.

Sie sah noch einmal kurz zu Mama hinüber, kuschelte sich tief in die Decke und schlief ein. Auf ihren Lippen schmeckte es immer noch nach Erdbeerkuchen.

2
4
1 The Black & Yellow Creeper.
2 The Brown & White Creeper.
3. The Cayenne Creeper.
4. Dodo.

Der Dodo.

Der Mann im Traum

Heute schlief Maja ganz ruhig. Es war, als wäre sie eigentlich gar nicht am Schlafen, sondern hellwach. Aber ganz anders wach als sonst. Die ganze Welt um sie herum sah ganz anders aus, als sie es bisher jemals erlebt hatte. Sie war groß genug, um es zu bemerken, aber noch zu klein, um sich gleich deshalb Sorgen zu machen. Sie war noch ein hellwaches neugieriges Kind, das man nicht damit erschrecken konnte, dass einfach mal etwas Neues passierte. In ihrem Traum ging sie immer weiter hinein in diese Welt, und plötzlich griff jemand nach ihrer Hand und hielt sie ganz sanft fest. Sie drehte sich um und sah hinauf in das Gesicht eines fremden Mannes, der sie mit einem ganz tollen, irgendwie total beruhigenden, Lächeln ansah.

„Da haben wir ja die Maja!“, sagte er mit einer Stimme, die so tief klang, wie Maja es noch nie gehört hatte. Sie hatte mal mit Michael, Mama und Papa die Tante Rosi in Köln besucht und vor dem Dom gestanden, einem riesigen Gebäude mit zwei Türmen, die den Himmel festzuhalten schienen, so hoch und massiv waren sie. Aus Berlin kannte Maja den Fernsehturm am Alex, der war für sie aber nicht so breit und so mächtig wie der Dom in Köln, und der Fernsehturm konnte auch nicht solche Geräusche machen. Als sie in Köln auf der Domplatte standen, da begann nämlich plötzlich eine riesige Glocke zu läuten, die der Dicke Pitter hieß und die so tiefe Töne machte, dass Maja das im Bauch merkte. Und der Mann hier hatte eine noch tiefere Stimme als der Dicke Pitter.

„Hallo!", sagte Maja und erinnerte sich, dass sie eigentlich nicht mit Fremden reden sollte, und dass das auch ganz bestimmt immer richtig war, wenn man nicht schlief und die Welt ganz normal war; aber der Mann hier, der war anders, das merkte sie. Er schien irgendetwas hinter seinem Rücken zu verstecken, aber Maja konnte nicht sehen, was es war.

„Was machst du denn schon hier? Du bist ja viel zu früh!", sagte der Mann. Und Maja bemerkte, dass er zwar etwas sagte und dass sie das, was er sagte, in ihrem Kopf auch hörte, dass er aber dabei die Lippen gar nicht bewegte. Seine Glockenstimme war irgendwie ganz tief drinnen in ihr. Das war lustig. Sie hatte gar keine Angst.

„Komm, ich bringe dich zu deiner Mama, die wartet doch.“, sagte der Mann und führte Maja zu ihrem Bett, das auf einmal da stand. Er legte sie hinein und streichelte ihr über die Stirn und machte da ein Zeichen mit dem Daumen. „Ich bleibe immer in deiner Nähe. Du kannst mich immer fragen, wenn du meinst, dass ich dir helfen kann!“, sagte er noch; dann ging er leise weg und war auf einmal verschwunden. Maja sah hinüber zu Mama, die immer noch schlief, und dachte nach. Lange dachte sie nach, wie das so ihre Art war, und sie merkte, dass sie neugierig geworden war. Und müde. Und es war gut, dass sie nicht wusste, wie krank sie war.

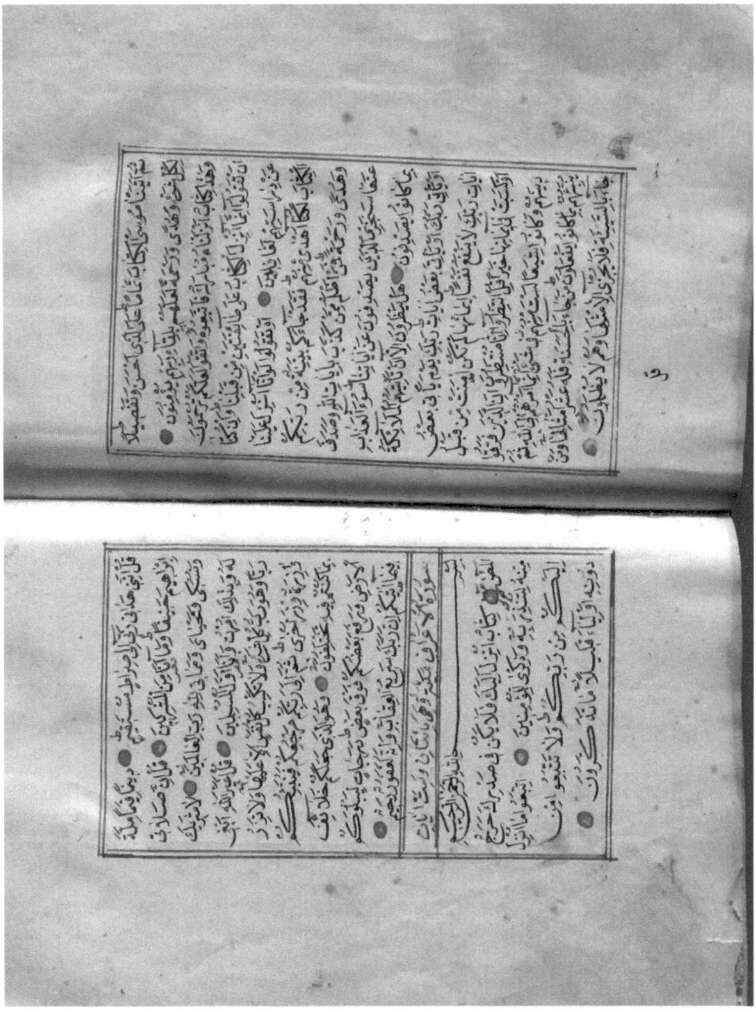

Sure 6, 162

Shema Israel

Hüseyin und seine Oma

Im Nachbarzimmer lag ein Junge, der hieß Hüseyin. Hüseyin war auch sehr krank, und jeden Tag kam seine große Familie und besuchte ihn stundenlang. Das war Maja manchmal viel zu laut und viel zu hektisch, deshalb blieb sie meistens in ihrem Bett liegen und bat Mama, die Tür zuzulassen, wenn die Familie von Hüseyin da war. Aber Hüseyin freute sich immer riesig, wenn alle seine Geschwister und Tanten und Onkel mit ihren Kindern da waren, mit seiner Mama und seinem Papa. Da fand Maja das manchmal doch ganz in Ordnung. Aber sie war froh, dass sie nicht mit jemand anderem als Mama in ihrem Zimmer zusammen liegen musste. Sie war jetzt immer zu müde und zu schlapp für so einen Trubel.

Irgendwann aber sagte der Herr Doktor, der die Leitung der Station hatte, dass Hüseyin zu viel Besuch bekäme und verbot, dass jeden Tag alle seine Verwandten kämen. Darüber war seine Familie so böse, dass sie eine Woche fast gar nicht mehr kamen. Nur Hüseyins Oma, die kam weiter jeden Tag. Und seine Oma war deshalb die einzige, die mitbekam, wie Hüseyin immer schwächer und schwächer wurde. Sie hatte richtig Angst, dem Jungen würde etwas passieren, und sie hielt ihn einmal ganz fest im Arm und spürte, wie er Fieber hatte. Und da fragte Hüseyin seine Oma, ob er in die Hölle käme, weil er zu seinem Papa so oft frech gewesen war. Da sagt seine Oma zu ihm: „Dich hat Allah doch schon als

Engel erschaffen; er wird nicht auf dich in alle Ewigkeit verzichten wollen, mein Schatz, mein Engel. Du musst keine Angst haben."

Hüseyins Familie waren Muslime, die an ein Buch glauben, das Koran heißt, von dem sie sagen, dass es einem Mann namens Mohammed von einem Boten Gottes, einem Engel, diktiert worden war, so wie in der Schule. Und Mohammed hatte es, so sagen die Muslime, weil er nicht schreiben konnte, auswendig gelernt und seinen Freunden weitergesagt, die es dann für ihn aufgeschrieben hatten. So hatte es Hüseyins Papa erzählt, der hieß Süleiman. Und dieses Buch, der Koran, war ein bisschen so ähnlich wie das heilige Buch, das die Christen hatten, also Opa Schneiders Bibel, und auch so ähnlich wie das Buch Torah, an das ein

Freund und Arbeitskollege von Hüseyins Papa glaubte.
Der hieß nämlich Shlomo und war Jude. Er hatte immer so ein kleines Käppchen auf dem Kopf, weil er glaubte, dass das Käppchen zeigt, dass man Gott im Himmel damit sagt, dass man ihm gerne gehorcht.
Shlomo und Süleiman unterhielten sich oft über ihren Glauben, und manchmal hörte Maja das jetzt, wenn der Flur ruhiger war und Mama doch manchmal wieder die Tür offenließ.
Süleiman sagte oft 'Allah' und meinte damit Gott. Shlomo sagte oft 'der Herr' und meinte damit Gott. So einfach 'Gott' wie Opa Schneider sagte keiner von beiden. Aber weil Maja einmal gefragt hatte und es von den beiden Männern erklärt bekommen hatte, verstand sie das. Muslime sagen Allah

und Juden sagen der Herr oder der Heilige, oder auch der Name. Aber immer meinen sie damit Gott.
Beide waren sich einig, dass man viele Regeln einhalten muss, damit Gott mit einem zufrieden ist. Für Shlomo waren es genau 613 Regeln, die alle in der Torah standen. Das war übrigens auch der erste Teil von Opa Schneiders Bibel.
Süleiman wusste nicht exakt, wie viele Regeln er einhalten musste. Aber er glaubte, dass man in den Himmel käme und nicht in die Hölle, wenn man alles richtig macht. Das war so, wie Opa Schneider gesagt hatte, dass man früher bei den Christen auch ganz ähnlich gedacht hatte. Shlomo war der Meinung, es sei gar nicht so wichtig, dauernd an den Tod zu denken. Der sei etwas, wovon nur Gott irgendwas wissen könne. Also sollte man doch lieber

die Gesetze, die Gott seiner Meinung nach den Menschen gegeben hatte, jetzt einfach deshalb einhalten, weil sie gut und richtig seien. Der Tod komme später.

Süleiman glaubte auch an ganz viele Regeln. Beide Männer waren zum Beispiel der Meinung, dass Gott gesagt hätte, man sollte kein Schweinefleisch essen, was Maja nicht so gut gefiel, weil sie Schnitzel mit Pommes als absolutes Lieblingsessen hatte. Aber sie hatte auch schon Pommes mit Nudeln und Ketchup probiert, und das hatte auch ohne Schnitzel gut geschmeckt. Nur nicht immer. Aber Shlomo glaubte auch, er dürfte keine Milch zusammen mit Fleisch essen, was Süleiman nicht glaubte. Süleiman sagte, Shlomo sollte kein Bier trinken, weil das von Gott verboten worden sei, aber Shlomo sagte, das stimme nicht. Und so ging das immer weiter und weiter. Aber beide waren sich eigentlich einig, dass im Tod jeder Mensch vor Gott kommt und da in einem Gerichtsverfahren gesagt bekommt, ob er für immer bei Gott bleiben darf oder in die Hölle muss. Das war wieder so ähnlich wie bei Opa Schneider.

Maja war das alles irgendwann zu kompliziert geworden. Aber Süleiman und Shlomo redeten und redeten, und unterhielten sich jeden Tag wieder darüber, warum man ihrer Meinung nach die Gesetze Gottes einhalten sollte, und irgendwie hatte Maja das sichere Gefühl, sie würden sich noch ewig darüber unterhalten und nie zu einem Ende kommen. Ich glaube das auch, und ich hoffe es, denn dann werden sie nie aufhören, miteinander zu reden.

Anders als so viele andere, die schon lange nicht mehr miteinander reden. Und Menschen, die nicht mehr reden, können sehr böse Dinge tun. Da ist endlos reden viel besser.

Eines Abends war Hüseyin alleine mit seiner Oma in seinem Zimmer und die Tür stand offen. Da fing die Oma plötzlich ganz laut an zu weinen, und alle Schwestern und Pfleger kamen gelaufen, und dann musste Maja in ihr Zimmer gehen und die Tür zu machen, weil sie auf den Flur gegangen war und nach Hüseyin schauen wollte. Aber das durfte sie nicht. Sie hörte nur noch die Oma ganz laut weinen und schreien, und dann kam die ganze Familie und alle weinten und schrien, und Maja sah Hüseyin nie mehr wieder.

Tante Rosi

Mama hatte eine Schwester, die hieß Rosi und wohnte eigentlich in Köln, aber sie war immer die ganze Zeit viel lieber irgendwo auf der Welt unterwegs. Als sie hörte, wie schlecht es Maja ging, kam sie ganz schnell aus Indien angereist, einem riesengroßen Land irgendwo ganz weit weg, viel weiter, als Maja sich das vorstellen konnte. Es musste in Majas Vorstellung da hinten bei Onkel Holgers Kanada liegen. Jedenfalls war da alles anders.

Jeder sah Mama an, dass es ihr nicht gut ging. Je länger Maja in der Klinik war und je schwächer sie wurde, desto mehr schien auch Mama immer kränker zu werden. Papa und Michael kamen jetzt auch jeden Tag her, und alle waren sehr traurig, das merkte man. Auch Tante Rosi sah das und wollte helfen. Alle dachten, dass Maja schliefe, aber in Wirklichkeit hielt sie nur die Augen zu, als Tante Rosi anfing, Mama zu trösten.

„Weißt du, Annette, Maja wird bestimmt wieder gesund!", sagte Tante Rosi und legte Mama die Hand auf die Schulter. „Ich glaube ja an das Karma. Ich bin ja Buddhistin. Für mich ist das so: Ich glaube, dass jeder Mensch in diesem Leben das wieder zurück bekommt, was er in seinem vorherigen Leben gemacht hat. Wenn er ein guter Mensch war, dann wird ihm in diesem Leben nichts Schlimmes geschehen, und wenn er ein böser Mensch war, dann passiert ihm jetzt Schlimmes. Aber nur deshalb, weil er es verdient. Für mich ist alles Sein nur Leiden, so wie Buddha es gelehrt hat. Und wer sein Leiden in diesem Leben erträgt, der wird im nächsten Leben mit einer besseren Wiedergeburt belohnt werden." Mama starrte Tante Rosi an: „Willst du etwa sagen, dass meine kleine Maja ein böser Mensch und deshalb krank geworden ist?" Fast wäre Mama ihr an den Hals gesprungen. Tante Rosi erschrak und wich ein bisschen zurück. „Nein, das wollte ich natürlich nicht sagen. Pass auf, ich erzähle es dir. Dann verstehst du, wovon ich spreche.

Vor sehr langer Zeit, so vor ungefähr 2500 Jahren, lebte in Indien ein Sohn eines Adeligen, der hieß mit Namen Siddhartha Gautama. Dieser Mann merkte eines Tages, dass alles um ihn herum nur sinnlos war, weil es immer verging. Nichts war von Dauer. Er hatte seine Frau und seinen Sohn, die er immer wieder alleine ließ; dann wanderte er viermal im ganzen Land umher. Dabei fand er einmal einen alten Bettler, dann einen Fieberkranken, beim dritten Mal eine verwesende Leiche und zum Schluss einen alten weisen Mann, mit dem er lange redete. Als er von dem weisen Mann verstanden hatte, warum alle Lebewesen leiden, verließ er seine Frau und seinen Sohn und wollte alles Leiden hinter sich lassen. Er hatte nämlich gelernt, dass man deshalb leidet, weil man an Wünschen hängt. Dir macht es so viel aus, dass Maja so krank ist, weil du lieber hättest, dass sie gesund wäre und lange lebt und selbst Kinder hat. Wenn du aber in deinem Herzen sagen könntest, dass es halt so ist, wie es ist, und dass es so weder gut noch schlecht ist, dann würdest du deshalb auch nicht leiden. Und Siddhartha verstand auch, weil er aus Indien kam und der Hinduismus das auch so lehrt, dass man das sogenannte Karma hat, das man aus seinem letzten Leben mitnimmt. ‚Karma' heißt ganz einfach ‚Tat', und ist die Summe von allem, was man im letzten Leben gemacht hat. Für Siddharta wie für mich gibt es nämlich keinen Gott oder so jemanden. Es gibt auch kein Gut und Böse, es gibt nur Taten, die Leiden verursachen und Taten, die kein Leiden verursachen oder es besser machen. Die Christen, Juden und Muslime glauben ja, dass es da jemanden gibt, der für alles verantwortlich ist. Ich als Buddhistin sage: Nur ich bin verantwortlich für alles, was ich tue und damit auch für das, was mir passiert. Es ist für mich und für alle Hindus und Buddhisten nämlich ganz sicher so, dass man ganz viele Leben hat, immer eines nach dem anderen. Aber das ist nicht schön, weil man ja in jedem Leben wieder nur leiden wird wegen dem, was im letzten Leben oder irgendwann von einem selbst falsch gemacht wurde.

Und außerdem weiß ich, dass ich selbst eigentlich gar nicht existiere. Ich bilde mir nur ein, dass es mich gibt, weil meine Augen, meine Ohren, mein Körper mir das dauernd vorspielen. Aber wenn ich verstehe, dass ich gar nicht selbst da bin, dann kann ich auch genau so gut irgendwann wegsein. Und deshalb will ich gar nicht wiedergeboren werden, sondern ich will erleuchtet werden und Nirvana erreichen; das heißt dann, ich sterbe ein letztes Mal und werde nicht wiedergeboren, weil mir nichts mehr etwas ausmacht, ich keine Wünsche mehr habe und nichts mehr will, weder Gutes noch Schlechtes. Ich lasse dann alles hinter mir und verwehe wie ein Luftzug. Und dann hält mich nichts mehr an dieser Welt und ich kann sie hinter mir lassen. Das ist dann Nirvana. Um das zu erreichen muss ich lernen, das Richtige zu denken, zu tun, zu wollen, zu lernen, zu sagen, aber auch, das Richtige nicht zu tun; das Richtige zu tun, um mich zu ernähren, und die richtigen Übungen zu machen, um mich auf das Wichtige zu konzentrieren und zu verstehen. Und wenn man das verstanden hat, dann findet man es zwar schade, wenn Maja sterben sollte, aber dann weiß man auch, dass das nicht eigentlich schlimm ist, denn sie wird ja wiedergeboren werden und dann vielleicht schon so viel verstehen, dass sie nach nur einem weiteren Leben Nirvana erreichen kann. Das wäre doch wunderbar."

Mama starrte Tante Rosi an und sagte nichts mehr. Für sie war das im Moment nicht das Richtige. Sie wollte nicht, das Maja sterben würde, egal wie viele Leben sie danach noch hätte. Sie wollte jetzt ihre kleine Maja behalten. In diesem Leben. Und mit einer Sache hatte Tante Rosi ganz sicher recht: Mama litt ganz furchtbar wegen der Angst, Maja könnte tatsächlich sterben. Ihr Herz drohte, schon allein bei dem Gedanken daran in tausend Scherben zu zerspringen.

Als Tante Rosi schon lange gegangen und Mama eingeschlafen war, dachte Maja an diesen Mann Buddha. Jetzt im Moment war ihr Leben tatsächlich

Leiden. Ihr tat alles weh, das stinkende Zeug war in ihrem Körper und sie hatte keine Haare mehr. Sie war immer müde und trotzdem sagten die Ärzte, dass sie noch ein bisschen länger tapfer sein müsste.
Sie wollte nicht mehr tapfer sein.
Sie wünschte sich manchmal, alles wäre vorbei und sie hätte keine Schmerzen mehr. Es sollte zu Ende sein mit dem, was ihr weh tat. Nur einfach zu Ende.
Sie dachte Gedanken, die nicht die einer Vierjährigen waren. Der Schmerz hatte sie verändert und alt gemacht.

Kai hat angerufen

Maja ging es wieder besser. Sie hatte ein paar Tage lang gar nicht aus dem Bett aufstehen können. Von dem stinkenden Zeug, dass in den Port lief, wurde ihr immer ganz schlecht. Und es war komisch: Sie konnte davon ganz unglaublich gut riechen. Bestimmt so gut wie Mimso, der Hund, mit dem sie nicht mehr spielen durfte und der immer alleine zuhause bleiben musste, wenn Papa, Mama und Michael hier bei ihr waren. Deshalb freute sie sich so sehr über jeden Besuch, der sich ankündigte. Auch ihr Freund Kai aus dem Kindergarten hatte mal angerufen und gesagt, er käme mit seinen Eltern vorbei, wenn sie wieder aus dem Urlaub in Italien zu Hause wären. Und darauf

wartete Maja jetzt jeden Tag. Und noch einen Tag. Und noch einen Tag. Und noch einen Tag. Und so weiter. Aber Kai kam nicht. Dabei hatte er es doch ganz fest versprochen. Und eines Tages fragte Maja Mama, wo er denn wohl wäre. Ob der Urlaub in Italien so lange dauern würde?
Mama wurde ein bisschen bleich. Sie sah Papa an und sagte: „Ich hatte es ja befürchtet, dass sie das nicht vergessen würde." Michael sagte nichts, aber Maja sah ihm an, dass er fast geweint hätte. Er rannte auf einmal raus und knallte die Tür hinter sich zu. Papa stand schnell auf und ging ihm nach auf den Flur. Mama setzte sich zu Maja ans Bett.
„Maja, du musst mir jetzt gut zuhören. Es ist etwas ganz Trauriges passiert. Kai und seine Eltern hatten einen Unfall.

Sie sind durch ein Gebirge gefahren und ihr Auto ist von der Straße abgekommen. Das Auto hat gebrannt und leider hat keiner überlebt, Kai nicht und seine Eltern auch nicht. Das ist ganz schlimm, aber leider ist es so. Kai wird dich nicht mehr besuchen kommen."
Maja war wie benommen. Was war das? Kai war auch tot? Aber er war doch noch so klein wie sie, er war noch ein Kind? Hatten die Erwachsenen nicht alle gesagt, dass das nicht passieren darf, dass ein Kind stirbt? Dass man da alles nur Mögliche unternimmt, damit das nicht geschieht? In Majas Kopf begann sich wieder alles zu drehen. Sie musste sich hinlegen. Und sie begann einfach zu weinen. Sie hatte sich so auf Kai gefreut, und jetzt so etwas? Mama nahm ihren Kopf in ihren Schoß und küsste ihr die heiße Stirn.

„Alles gut, meine Kleine!", flüsterte sie ihr ins Ohr. „Das ist gut, wenn du weinst. Das muss manchmal sein." Und am liebsten hätte sie mit Maja zusammen geweint, aber sie glaubte, sie müsse stark sein. Stark für sie. Obwohl sie doch eigentlich spürte, wie stark und erwachsen Maja geworden war. Viel zu erwachsen für ein kleines Mädchen von vier Jahren. Und sie hielt ihre Tochter noch lange fest in ihrem Arm, als Maja müde vom Weinen längst eingeschlafen war. Sie wünschte, sie müsste ihre Maja nie wieder loslassen. Mama sah auf den Boden. Da lag ein Blatt, auf das Maja gemalt hatte. Einen Schmetterling mit dunklen Flügel. Sie wäre doch so gerne ein Schmetterling.

Majas Reise

‚Muss ich vor dem Tod Angst haben?', fragte Maja den Mann in ihren Gedanken, der da mitten im Zimmer stand; und Mama sah ihn trotzdem nicht. Mama nicht, Papa nicht und auch Michael bekam nicht mit, dass da noch jemand war.

‚Warum solltest du?', fragte die Stimme des Mannes in Majas Kopf. ‚Warum solltest du Angst haben?'

‚Weil sterben vielleicht weh tut.', antwortete Maja. Da blickte der Mann zum Fenster und sah hinaus. Er stand da, ganz lange, einfach nur so, und sah hinaus. Und ohne den Kopf zu wenden begann er wieder, in Majas Kopf zu antworten.

‚Maja, sieh mal aus dem Fenster.', hörte Maja, und sie tat es. Sie drehte den Kopf und sah zum Fenster hinaus. Die Stimme in ihrem Kopf redete einfach weiter: ‚Alle, die du siehst, alle Menschen, alle Tiere, alle Pflanzen, sind einmal geboren worden, und sie alle werden einmal tot sein. Warum sollte man Angst haben vor dem, was als Einziges ganz sicher ist?'
‚Aber als Kai in dem Auto saß, das brannte, da hat das doch bestimmt weh getan.'

‚Da hast du leider recht, kleine große Maja. Das wird wohl so gewesen sein. Aber weißt du Maja, der Tod ist nicht das Sterben.
Das Sterben ist der Weg, ist die Reise in

den Tod. Und es gibt leider Reisen, die absolut nicht schön sind. So wie bei Kai und seinen Eltern. Das hat vielleicht tatsächlich weh getan. Manche klugen Leute meinen aber, dass man sogar bei etwas wie Feuer gar nicht so schlimme Schmerzen hat, weil der Körper irgendwann sagt: Nein, das ist mir zu viel, ich will das nicht. Dann spürt man nichts mehr, obwohl man noch gar nicht tot ist. Vielleicht war das auch so bei Kai und seinen Eltern. Ich weiß das leider auch nicht. Aber eines weiß ich ganz sicher: Als er im Tod war, da hatte er keine Schmerzen mehr.' Da war Maja ruhiger. Kai war nett gewesen, und seine Eltern auch. Sie sollten keine Schmerzen haben. Maja wusste jetzt selbst, was Schmerzen sind, jeden Tag tat ihr alles weh. Und Mama merkte das. Sie hielt es fast nicht mehr aus, ihr Kind so zu sehen. ‚Jetzt nur nicht weinen, ich darf dem Kind jetzt nichts vorheulen!', dachte Mama, und gleichzeitig wusste sie, das das der totale Quatsch war. Eine Stimme in ihrem Kopf sagte: ‚Doch, weine ruhig. Es ist schlimm, was passiert, es ist eine Katastrophe. Ein Kind sollte nicht so krank werden, es sollte nicht vor seinen Eltern sterben, Nie. Niemals. Kein Kind der Welt. Erst recht nicht das eigene. Du bist keine Maschine, du bist ein Mensch, und ein Mensch darf weinen, weil er es kann. Du darfst weinen, wenn dir das hilft.' Und Mama weinte.

Maja sah das, rückte auf dem Bett rüber zu ihr und setzt sich zu ihr. Sie nahm Mamas Hand und drückte sie ganz leicht und sagte: „Ich hab auch viel geweint. Das tut manchmal richtig gut." Und da musste Mama auch nicht mehr so viel weinen, auf einmal ging es wieder besser. Und in den nächsten Tagen weinten sie manchmal einfach zusammen, und das war wie Medizin. Es war einfach alles so ungerecht. Einfach nur zum Heulen.

„Du, Mama?", fragte Maja Mama eines Abends: „Wenn ich einmal sterbe, werde ich dann ein Schmetterling sein? Das wäre schön!" Da setzte sich Mama zu ihr und hielt sie schweigend fest, einfach nur fest. So fest wie jeden Abend.

So war das die letzten Tage gewesen. Aber heute lag Maja einfach nur da und schlief. Sie war zu schwach, um wach zu bleiben. Sie lag einfach da. Mama sah sie an und wusste, sie wollte ihr Kind nicht verlieren. Das durfte einfach nicht

sein.
Da trat der Mann an Majas Bett und sah sie an. „Gute Reise!", sagte er zu ihr. „Gute Reise, kleine Maja, und bis gleich!" Und dann verschwand er.
Ob er dabei Flügel hinter seinem Rücken ausbreitete, sich in die Luft erhob und davon flog? Das weiß ich nicht, das kann ich nicht sagen. Denn ich hätte ihn auch nicht sehen können, ebenso wenig wie Majas Mama und Papa oder Michael ihn ja sahen. Ich bin nicht Maja, und noch war es nicht meine Zeit. Es war ja noch nicht unsere Zeit. Aber ich denke, es ist möglich. Warum sonst hätte er zu Maja „Bis gleich" sagen sollen?

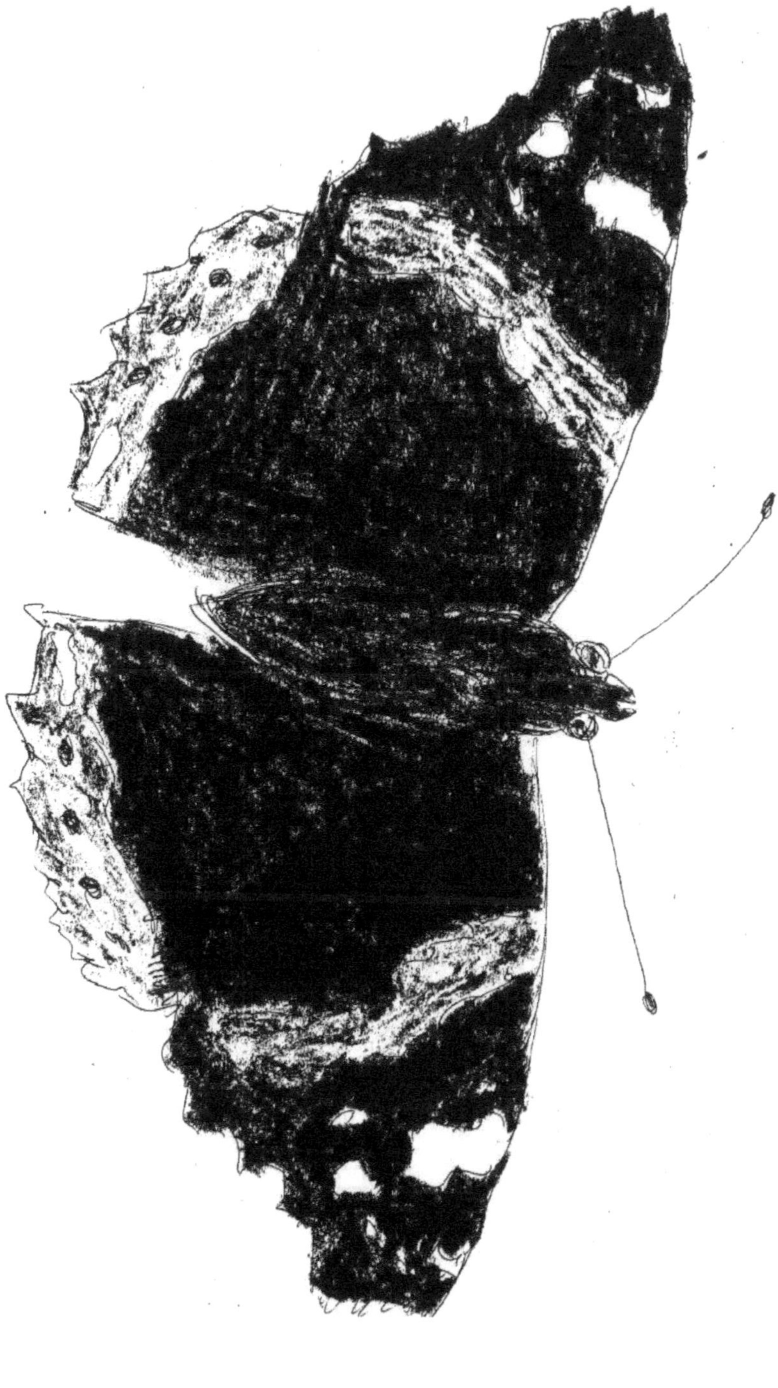

Der Admiral

Und Maja beendete ihre Reise. Ganz leise ging sie. Man merkte es kaum. Plötzlich war sie einfach nicht mehr da. Der echte Abschied kam ohne Musik, ohne Drama, nicht wie im Film. Ganz einfach fort war sie. Nur ihr Körper lag da noch. Sie selbst war gegangen. Mama hielt ihre Hand, Papa weinte laut und musste rausgehen. Michael blieb einfach sitzen. Er konnte nicht mehr. Nicht mehr weinen, nicht mehr fühlen, nichts mehr.

Da sah er den Schmetterling. Einen Admiral. Er saß an der Scheibe des Fensters und wollte hinaus. Michael stand auf und nahm ihn behutsam in die Hand. Der Schmetterling schien Michael anzusehen. Michael öffnete langsam das Fenster und hielt den Schmetterling in den Luftzug. Der Admiral schien zu sehen, ob es schön wäre da draußen. Dann startete er. Erhob sich auf seinen Flügeln und flog davon.

Wo war er hergekommen? Michael hatte keinen Schmetterling gesehen, als er hereingekommen war, und auch die ganze Zeit im Zimmer nicht. Maja? Der Schmetterling? In diesem Moment wollte Michael das einfach glauben. Es wäre so schön, sie hatte es sich so sehr gewünscht. Nur wissen konnte Michael es nicht. Noch nicht. Würde er Maja irgendwann einmal wiedersehen? Pflückte sie jetzt gerade Erdbeeren mit Tante Leni? Kämen sie vor ein Gericht? Wäre der Tod eine Tür, durch die man geht und sieht, was dahinter liegt?

Oder die Tür zu einem weiteren Leben, in dem alles Leiden wäre, bis endlich eine Tür ins Nichts führen würde? War da gar nichts?

Oder war Maja jetzt der Admiral, der Schmetterling?

Vielleicht.

Irgendwann würde er es wissen. Er, so wie alle Menschen. Alle. Irgendwann. Jetzt gleich? Erst in achtzig Jahren? Wer weiß.

Aber einmal weiß es jeder.

Ich.

Du.

Jede und jeder.

Irgendwann einmal sicher.

Und wahrscheinlich ist das auch gut so.

Wer weiß das jetzt schon?

Vor seiner Zeit.

Jetzt

?

Theaterstücke von Christoph Kaiser:

Die Herren von Schloss Katzenbach:
Ein Geisterstück, basierend auf Geister? Geister! Geister???
ISBN 9789463864213

Dreimal ein Phönix; Über den dritten Stadtbrand Biedenkopfs 1717
ISBN 9789463860246
mit den Bildern der Aufführung ISBN 9789463866422

Geister? Geister! Geister??? Ein Geisterstück über einen Schlosskauf
ISBN 9789463860307

Die drei Schwerter; Eine Zeitreise in neun Szenen
ISBN 9789463860529

Einakter und Szenen aus Hessen; Kurze Theaterstücke meist aus dem hessischen Hinterland ISBN 9789463861892

Stille, in die Regen fällt; eine kurze Szene über das eigene Paradies.
ISBN 9789463862745

Selavinia oder Zwei Orte, eine Zeit; ein Theaterstück über Gerechtigkeit und Unrecht, Reichtum und Armut; über die zeitgleichen Welten auf dem Planeten Erde; und über Beziehungen und verpasste Chancen.
ISBN 9789403604138

1631; Ein Stück über den Prozess gegen die Biedenköpfer Hexe Henrich Sangen ISBN 9789463863018 und
ISBN 9789463987356 (mit Bildern aus dem Film)

Klamauk, Klamauk! Über das Theater, Kultur und das, was man sagen darf. Mit einem unveröffentlichten Einakter von August von Kotzebue.
ISBN 9789463980142

Weitere Bücher von Christoph Kaiser

Bauerntracht in Wandel und Beharrung; Über die Tracht im Untergericht des Breidenbacher Grundes
Diplomica-Verlag 2013 ISBN 9783958508095

Tracht als veränderliche Kleidung, beschrieben anhand der Trachten des Hessischen Hinterlandes, insbesondere der Tracht des Untergerichts des Breidenbacher Grundes. Landkreis Dabei ist nicht alles, was Marburg - Biedenkopf
Grin-Verlag 2008 ISBN 9783640188574

Dreimal ein Phönix, Erzählung; basierend auf dem Theaterstück zum dritten Stadtbrand Biedenkopfs 1717
ISBN 9789463864527

Die Herren von Schloss Katzenbach, Erzählung; basierend auf dem gleichnamigen Theaterstück.
ISBN 9789463866446

Der Umgang des öffentlich-rechtlichen Fernsehens in Deutschland mit esoterischen Inhalten. Studienarbeit
Grin-Verlag 1998 ISBN 9783640215522

Hinterländer Haiku; 30 Gedichte in je drei Zeilen.
ISBN 9789463982214

Hinterländer Winterhaiku; 32 Gedichte in je drei Zeilen über den Winter um Biedenkopf
ISBN 9789463980746

Frühlingshaiku aus dem Hinterland; 33 Haiku über die Landschaft rings um Biedenkopf, das Osterfest und das Erwachen des Lebens.
ISBN 9789463987455

Sommerliche Hinterlandhaiku
ISBN 9789403601076

Herbsthaiku aus dem hessischen Hinterland
ISBN 9789403609911

Der vierte König Bogomil; Eine Erzählung über den vierten König, der das Jesuskind suchte. ISBN 9789463982436

Bogomil the fourth king; A tale about the fourth king searching for the newborn child. According to an old Russian story.
ISBN 9789403610375

1631 Erzählung; Über den Tod der Biedenköpfer Hexe Henrich Sangen, nach der Originalakte ISBN 9789463982733

Werde ich ein Schmetterling sein? Maja und der Tod.
Wie redet man mit einem Kind über den Tod?
ISBN 9789463986076 (Taschenbuch)
ISBN 9789463984379 (gebunden)

Lass uns doch Suraten wommeln, umbimte das Taruppel; ein Sprachspiel und -spaßbuch für Kinder und Erwachsene
ISBN 9789403600864

Sammelsurium; Texte, für die sonst nirgendwo Platz war. Unmodern!
ISBN 9789403610351

Ein Zug durch Stadt und Wald; Über den Biedenköpfer Grenzgang und das M-Wort
ISBN 9789403611853

Alle Bücher erhältlich im Buchhandel und unter
publish.bookmundo.de/christophkaiser

Weitere Literatur zu Biedenkopf:

Elvis Benner: Das Haus über dem Kirchhof; Erzählungen aus den Jahrhunderten im Schenkbarschen Haus

ISBN 9789463860239

Alle Bücher sind über den Buchhandel zu beziehen.

Wer wissen möchte, wie ich, Christoph Kaiser, über den Tod denke:

Auch wenn es völlig unmodern ist, lasse ich in diesem Buch den Opa Schneider sagen, was ich ganz fest und tief in mir glaube. Aber ich weiß, warum ich das Bild eines alten Mannes dafür gewählt habe.

Ich hoffe, ich habe niemandes anderen Glauben oder Weltanschauung beleidigt oder angegriffen. Das war nicht meine Absicht.

Ich selbst stecke ein klein wenig auch in Maja, da ich selbst eine Chemotherapie durchmachen musste und seitdem nicht nur die Ars Vivendi, die Kunst zu leben, kenne, sondern auch versuche, die uralte Ars Moriendi zu leben, die Kunst zu sterben.

Ich wünsche mir, dass wir alle nicht verlernen, mit einander im Gespräch zu bleiben und zu ertragen, dass ein anderer Mensch die Welt anders sieht als ich. Ich denke, er oder sie hat das Recht dazu.

Biedenkopf, 16.03. im Covid-19-Jahr 2020

S.D.G.